AF337551

APERÇU

SUR

LES FINANCES

DE LA RÉPUBLIQUE FRANÇAISE.

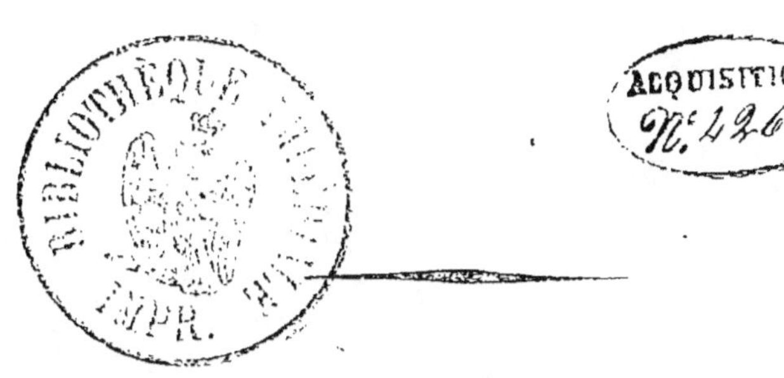

A PARIS,

Chez POTEY, libraire, quai Voltaire, au coin de la
rue du Bacq, vis-à-vis le pont des Tuileries.

LE 16 PRAIRIAL AN VII.

APERÇU

SUR

LES FINANCES

DE LA RÉPUBLIQUE FRANÇAISE.

——————

Dᴇᴜx amis (1) dont la pensée et les médi-tations ont été dans tous les temps dirigées vers le bien public, ont, dans leurs entretiens particuliers, sérieusement examiné les causes actuelles du discrédit public et particulier, les besoins urgens du Gouvernement, de l'Agricul-ture, de l'Industrie et du Commerce, ainsi que les moyens adoptés par le Corps Législatif pour mettre le niveau entre les recettes et les dé-penses de l'an 7. Ils ont reconnu, avec tous les bons citoyens, qu'au moment où une coali-tion perfide ose s'armer de nouveau, le Corps

——————

(1) Le représentant du peuple Lacoudraye et le ci-toyen Guttin.

Législatif peut avec confiance augmenter les contributions, parce que tout Français, digne de ce nom, a le desir de les acquitter, et est disposé à tout sacrifier pour faire triompher la cause de la liberté. Mais s'il faut que les contributions dans un État soient réglées par les besoins de cet État, il n'est pas moins vrai, ainsi que l'ont établi tous les écrivains politiques , qu'il est indispensable qu'elles aient aussi pour règle les facultés des contribuables.... Dans la position où l'absence de la confiance et du numéraire place en France les propriétaires, les négocians, les artisans et les créanciers de l'État, n'a-t-on pas lieu de craindre que la perception des impôts ne devienne très-difficile, peut-être même impossible, et que, par suite, tous les ressorts du corps social ne soient paralysés ?

Il serait bien consolant, pour le Corps Législatif, en augmentant les contributions, de pouvoir offrir aux contribuables les moyens de les acquitter. Des citoyens ont pensé que ces moyens se trouveraient dans l'établissement d'une ou plusieurs Banques, et ont soumis leurs projets à l'examen du Corps Législatif ; mais outre que l'exécution de ces projets exigeait des avances qui n'ont pu être accordées, il

a été facile de reconnaître que ces sortes d'é-
tablissemens ne pouvant prospérer que par la
confiance, il fallait nécessairement y renoncer
dans un temps où, d'une part, le Gouvernement est dans la douloureuse impuissance de
remplir avec exactitude ses engagemens, et où,
d'autre part, de méprisables agioteurs ont sub-
stitué dans toutes les transactions l'égoïsme,
la frayeur et la cupidité, au civisme, à la confiance et à la probité. Cette fâcheuse position,
qui peut être suivie des plus horribles calamités, affecte douloureusement les amis de la
République et du Gouvernement, et est vive-
ment sentie par tout ce que la France ren-
ferme d'hommes un peu éclairés et jaloux de
conserver et d'améliorer leurs propriétés. Tous
reconnaissent que cet état des personnes et
des choses a pour cause l'excessive pénurie
du numéraire. On se dit : si la détresse du
Gouvernement, si la difficulté d'acquitter les
contributions s'accroissent chaque jour en pro-
portion de la rareté de l'argent et du taux
exhorbitant auquel les agioteurs en élèvent
l'intérêt, pourquoi attendre que notre position soit désespérée pour reconnaître que le
numéraire ne se trouve plus aujourd'hui en
France dans une mesure égale aux besoins pu-,

blics et particuliers ? *Puisque toute marchan-
dise de commerce peut servir de monnaie en
représentant les autres marchandises ; puisque celles qui ne sont pas portatives peuvent
servir d'hypothèques à des papiers portatifs,
puisqu'enfin en hypothéquant un papier sur
un morceau de terre , il est possible de
donner à ce papier la qualité de monnaie,*
n'est-il pas aussi sage qu'indispensable que les
propriétaires de biens-fonds, pour suppléer à
l'insuffisance reconnue des monnaies d'or et
d'argent, demandent au Corps Législatif de les
autoriser à monétiser partie de leurs propriétés?
Ici viennent s'offrir toutes les idées désastreuses
que le souvenir encore récent des assignats
fait naître. Ces idées tiennent à des considé-
rations si puissantes et à des faits si immo-
raux et si odieux, qu'il n'est pas de préjugé
mieux établi , et qui, quoique non fondé à
l'égard des coupons hypothécaires que nous
proposons, puisse leur être opposé avec plus
d'avantage. Nous sentons toute la force de ce
préjugé. Nous pensons même que si l'établissement d'un papier-monnaie , quelqu'étranger
qu'il soit aux assignats, était présenté au Corps
Législatif, il serait de sa sagesse de ne pas 's'en
occuper, et d'en abandonner l'examen et la

discussion à l'opinion publique. Aussi est-ce à l'opinion publique seule que nous soumettons notre plan, sans autre prétention que le desir d'offrir aux bons esprits l'occasion de l'accréditer, ou d'en présenter un meilleur.

Avant la Révolution, il y avait en France environ deux milliards de numéraire. Il existait en outre, dans la circulation, une somme énorme en effets publics, billets de la Caisse d'Escompte, lettres de change et effets de commerce. Aujourd'hui, quoique notre territoire soit augmenté d'un cinquième, il ne nous reste pas un milliard de numéraire ; le discrédit public et particulier augmentent chaque jour ; la République, le Gouvernement, la Liberté même, sont menacés des plus grands dangers, si on ne s'empresse de fermer l'abîme dans lequel le royalisme et l'agiotage s'efforcent de les précipiter.

Il est indispensable, pour remédier aux calamités que la rareté du numéraire nous prépare, de trouver un moyen intermédiaire d'échange et de commerce, un signe monétaire qui, sans nous exposer aux maux à jamais déplorables que l'abus des assignats nous a fait éprouver, réunisse tous les avantages qu'une erreur funeste à notre prospérité attribue exclusivement à l'or et à l'argent.

Il faut, 1°. que ce signe monétaire ne soit pas émis par le Gouvernement ;

2°. Que chacun des coupons de ce signe monétaire soit particulièrement hypothéqué sur une propriété réelle, et qu'il la représente;

5°. Qu'en présentant chacun de ces coupons on puisse, à vue, et à l'époque fixée, s'en procurer la valeur, ou être mis, dans le plus court délai, en possession de la portion de terre que ce coupon représente;

4°. Que la quantité de ces coupons soit déterminée et connue, sans qu'en aucun cas elle puisse être augmentée ni diminuée, ni mise, en tout ou en partie, à la disposition de l'autorité publique;

5°. Il faut enfin que chacun de ces coupons soit émis par un propriétaire de biens-fonds, sans que, dans cette émission, il ait d'autre autorité à consulter que sa propre volonté, et d'autre règle à suivre que les obligations prescrites par le code hypothécaire.

Toutes ces conditions sont réunies dans les dispositions suivantes :

1°. Autoriser tout propriétaire de biens-fonds qui justifiera que le cinquième de sa propriété est franc et quitte d'hypothèques, à en monétiser le dixième, et à émettre des coupons monétaires de cinq cents francs et au-dessus,

qui représenteront ce dixième , et auront
cours pendant un an ;

2°. Faire délivrer ces coupons aux propriétaires qui les demanderont , par les préposés
des hypothèques ;

3°. Chaque coupon et sa souche seront si-
gnés par le propriétaire auquel le coupon sera
délivré ;

4°. Les préposés des hypothèques, en déli-
vrant les coupons monétaires , se feront payer
par les preneurs une somme équivalente au
vingtième de celle demandée , et leur délivre-
ront, pour valeur de la somme à laquelle ce
vingtième s'élèvera, des récépissés au porteur,
qui seront reçus pour comptant par tous les
percepteurs des impositions;

5°. Les coupons monétaires seront reçus
comme espèces métalliques dans toutes les
caisses publiques ;

6°. Au jour fixe de l'échéance, le signataire
d'un coupon sera tenu de l'acquitter au domicile du préposé des hypothèques qui l'aura
délivré, soit en émettant un nouveau coupon,
soit en fournissant la valeur du coupon par
lui souscrit. Dans l'un et l'autre cas, le signataire paiera au porteur un pour cent de la
somme à laquelle le coupon se montera ;

7°. Dans le cas où un coupon ne serait pas acquitté le jour de son échéance au domicile du préposé des hypothèques, dans le bureau duquel il aura été souscrit, le bien-fonds sur lequel portera l'hypothèque sera vendu, et le porteur du coupon payé dans le plus court délai ;

8°. Le porteur d'un coupon monétaire primera dans l'ordre et distribution du prix des immeubles affectés à la valeur de ce coupon, tous autres créanciers hypothécaires, et dans l'exercice de son action, il sera, autant que possible, dégagé des formalités et des délais prescrits par la loi sur les expropriations forcées ;

9°. Tout coupon non acquitté sera remis, par celui qui en sera porteur, au préposé des hypothèques, au domicile duquel il aura été souscrit ; celui-ci en donnera un récépissé, et sera chargé par la loi, de faire, en son propre nom et comme subrogé aux droits du porteur, toutes poursuites nécessaires. Le récépissé donné par le préposé des hypothèques portera intérêt de cinq pour cent, à compter du jour de la présentation du coupon, jusqu'à celui de l'entier acquittement du principal, intérêts et frais ;

10°. Les préposés des hypothèques recevront du Gouvernement, et vendront, pour le compte de la République, le papier des coupons et des récépissés d'impositions. Ce papier sera fabriqué avec de la soie, d'après des procédés qui ont été indiqués au Directoire, et dont la contrefaçon a été reconnue impraticable.

11°. La loi qui autorisera l'émission des coupons monétaires, pourvoira à toutes les mesures de prévoyance et de détail qu'une opération aussi importante exige.

L'émission des coupons monétaires présente des avantages inappréciables, dont les propriétaires de biens-fonds s'empresseront de profiter, et pour payer leurs impositions, qu'on sera autorisé à leur demander impérieusement, et pour subvenir aux besoins de toute nature qu'ils éprouvent.

Le crédit public et particulier renaîtra, et avec lui tous les avantages qu'il procure à l'Agriculture, à l'Industrie, au Commerce et au Gouvernement; les pensionnaires, les rentiers et les fonctionnaires publics seront payés ; tous traités et engagemens avec les fournisseurs de la République, seront sévèrement surveillés, et fidèlement acquittés. Il sera abondamment pourvu aux besoins pressans de nos armées

et de notre marine. Les domaines natio-
naux se vendront ; la valeur des immeubles
augmentera ; les négociations et transactions
entre particuliers se multiplieront ; le produit
des impôts indirects s'accroîtra, et le paiement
des impositions arriérées procurera, avant ther-
midor prochain, une rentrée de plus de 500
millions.

Au sordide tripotage de quelques capitalistes,
pour la plupart aussi royalistes que déhontés,
succédera une circulation de plusieurs milliards
de coupons monétaires, auxquels on accor-
dera toute confiance, parce qu'on aura sous
les yeux le morceau de terre que chacun d'eux
représentera.

Ajoutons que l'émission proposée ne donne
lieu à aucun rassemblement d'espèces métal-
lique ni de coupons monétaires, et dégage le
trésor public de la dépendance dans laquelle
une ou plusieurs banques le tiendraient, en
attirant à elles le numéraire, et en se rendant
maitresses de toutes les opérations du Gouvernement.

Cette émission, enfin, offre au Corps Législatif et au Directoire, le moyen le plus simple,
le plus sûr et le plus puissant de consolider

le règne de la Liberté, et de donner des lois aux souverains coalisés contr'elle.

N. B. Un très-grand nombre de propriétaires, et de Paris et des départemens, ont témoigné le plus vif desir que les coupons monétaires soient adoptés. Beaucoup de personnes, aussi instruites qu'éclairées, nous ont adressé des observations qui justifient ce desir; d'autres, également recommandables par leurs talens et leur savoir, mais effrayées à la seule idée de papier-monnaie, ont cédé à cette première impression, et ont désapprouvé nos vues. Nous invitons tous ceux que le desir d'être utiles engagera dans cette importante discusssion, à peser dans leur sagesse l'ensemble et les détails de notre plan, et à insérer leurs observations dans les journaux, ou à les adresser au citoyen POTEY, notre libraire. Dans ce dernier cas, nous nous empresserons de publier leurs éloges ou leur censure, et y joindrons les observations qui nous ont été adressées depuis le 6 pluviôse dernier, époque à laquelle notre plan a été pour la première fois, livré par nous au Public, dans un article du *Bien Informé*, signé Renaldy.